T0006317

¿Quién es
Bad Bunny?

¿Quién es
Bad Bunny?

G. M. Taboas Zayas

ilustraciones de Andrew Thomson

traducción de Yanitzia Canetti

Penguin Workshop

A los fans de Bad Bunny, y con todo mi amor a mis
amigos de Puerto Rico—GMTZ

Para Rhia, Cerys y Esme—AT

PENGUIN WORKSHOP
Un sello editorial de Penguin Random House LLC
1745 Broadway, New York, New York 10019

Publicado por primera vez en los Estados Unidos de América por Penguin Workshop,
un sello editorial de Penguin Random House LLC, 2024

Traducción al español de Yanitzia Canetti

Visítanos en línea: penguinrandomhouse.com.

Los datos de Catalogación en Publicación de la Biblioteca del Congreso están disponibles.

Impreso en los Estados Unidos de América

ISBN 9780593754795 (tapa blanda)   10 9 8 7 6 5 4 3 2 1 CJKW
ISBN 9780593754801 (encuadernación de biblioteca)   10 9 8 7 6 5 4 3 2 1 CJKW

Contenido

¿Quién es Bad Bunny?

El 5 de febrero de 2023, Benito Antonio Martínez Ocasio, conocido como Bad Bunny, se preparaba para actuar en la 65.º entrega anual de los Premios Grammy.

Tras bambalinas, los bailarines calentaban y se vestían como bailadores de plena, un tipo de música y danza nacida en Puerto Rico, mezcla de música africana y latinoamericana. Algunos eran vejigantes, portando cabezas gigantes de papel maché, que representaban a famosos íconos de su país como la poeta Julia de Burgos, la leyenda del béisbol Roberto Clemente, el cantante Tego Calderón y muchos más.

Benito abrió el evento con un estallido de panderetas, y tambores, y los bailarines de plena que se movían a su alrededor antes de comenzar con "El apagón", una canción que abordaba los apagones que estaban ocurriendo en Puerto Rico y rendía homenaje a su orgullo como puertorriqueño. Siguió con "Después de la playa", junto a la banda dominicana de Dahian el Apechao y más de 40 artistas que bailaban merengue. Se movían entre celebridades como Jack Harlow, Taylor Swift y LL. Cool J.

Para muchos fanáticos puertorriqueños de Bad Bunny, esta escena representaba el primer día de San Sebastián, un festival lleno de artesanos, música, comida y diversión interminable. Pero esa noche fue muy especial para Benito. No solamente su álbum "Un verano sin ti" fue nominado a Mejor Álbum de Música Urbana y su canción *"Moscow Mule"* nominada a Mejor Interpretación Pop Solista, sino que también hizo historia como el primer artista con un álbum en español nominado a Álbum del Año, junto con el álbum *"Harry's House"* de Harry Styles, "30" de Adele y *"Renaissance"* de Beyoncé.

Esa noche, Benito no ganó el premio al Álbum del Año, pero ganó el premio al Mejor Álbum de Música Urbana. En inglés y español, agradeció a sus fans, amigos y productores, y dedicó el premio a Puerto Rico, la cuna del reggaetón, un estilo musical que combina el *hip hop*, el *dancehall reggae* y la música caribeña.

"Hice este álbum con mucho amor y gran pasión", le dijo a la multitud que lo aclamaba. "Y cuando se hacen las cosas con amor y pasión, todo es mucho más fácil".

CAPÍTULO 1
Crece en Vega Baja, Puerto Rico

Benito Antonio Martínez Ocasio nació en Vega Baja, Puerto Rico, el 10 de marzo de 1994. Su padre, Tito, era camionero y su madre, Lysaurie, maestra de escuela. Después nacieron sus dos hermanos menores: Bysael y Bernie. La familia vivía en Almirante Sur, una pequeña comunidad enclavada entre la playa y las montañas, a solo cuarenta minutos de San Juan, la capital.

Si bien su vida no siempre fue fácil, sus padres hicieron todo lo posible para mantener a sus tres hijos. Sus viajes a San Juan eran ocasiones especiales. Benito y sus hermanos disfrutaban visitando tiendas de música y mirando los álbumes de música y DVD que exhibían.

Bernie y Benito

Muchos de sus compañeros veían a Benito como el payaso de la clase, por lo que él prefería estar en casa con su familia. Le encantaba jugar al aire libre y fingir que era un luchador de la WWE (*World Wrestling Entertainment*) o nadar en el río en Vega Baja. La primera vez que salió de la isla fue para visitar a su familia en EE. UU., y sus hermanos recuerdan cómo lloró durante todo el viaje en avión.

El amor de Benito por la música llegó a una edad temprana. Sus padres escuchaban diferentes estilos de música en la casa, desde salsa, merengue y baladas pop hasta el reggaetón en sus inicios. Pero ningún artista lo inspiraba. En cambio, todo el movimiento latino, liderado por gigantes como Héctor Lavoe, Marc Anthony, Tego Calderón y otros, alimentó los sueños de Benito de hacer música y que la gente la escuchara. Para Navidad y el Día de los Reyes, en lugar de juguetes, pedía CDs de cantantes como Marc Anthony,

Vico C, e incluso boleros (canciones de amor cubanas). Escuchaba cada CD hasta bien pasada la medianoche, siempre metiéndose en problemas con sus padres por quedarse despierto hasta tarde.

Benito cantó en el coro de la iglesia hasta los 13 años. Y para su programa de talentos de la escuela secundaria, cantó "Mala gente", del rockero colombiano Juanes, mostrando su fuerte estilo vocal, a pesar de que le aterraba salir al escenario. Comenzó a aprender a hacer ritmos usando programas de computadora como *FruityLoops* y estilo libre en la escuela. Benito le mostró *FruityLoops* a su amigo de la infancia Ormani Pérez, quien más tarde se convertiría en el colaborador más cercano de sus mayores éxitos.

En la escuela secundaria, el gusto musical de Benito se expandió a experimentar con el reggaetón y la música *trap*, un tipo de *rap*, creando música original con sus amigos. Sus compañeros todavía lo veían como el payaso de la clase mientras improvisaba rimas burlándose de sus amigos. Pero fuera de la escuela, Benito se tomaba su arte más en serio. Lo impulsaba su amor a la música y el apoyo de sus amigos, quienes lo animaron a compartir su música en Internet.

A pesar de saber que tenía talento, aún no se atrevía a dar a conocer sus canciones originales. Pero algo comenzó a cambiar en Benito, y en una entrevista para la revista digital *Fader* dijo: "poco a poco, algo me venía dando vueltas en la mente", y supo que sus amigos tenían razón y que necesitaba compartir su talento fuera de la comodidad de su hogar y de la escuela.

CAPÍTULO 2
El nacimiento de Bad Bunny

Después de graduarse de preuniversitario, Benito estudió comunicación audiovisual en la Universidad de Puerto Rico, en Arecibo, y trabajó a tiempo parcial en un supermercado Econo. Reprobó todas sus clases en su primer semestre, excepto las de su especialidad y matemáticas. Dedicaba mucho tiempo a escribir canciones y crear ritmos y no atendía a las tareas escolares.

Gracias al apoyo de sus amigos, Benito comenzó a subir sus primeras canciones en 2016 a *SoundCloud*, un servicio de transmisión en vivo de música. Lanzó sus primeras canciones bajo el nombre de "Bad Bunny", inspirado en una foto de su infancia vestido como el Conejo de Pascua para la escuela.

Su sencillo "Diles", se convirtió en un éxito y ganó cada vez más atención en la Internet. Cuando DJ Luian, del sello discográfico *This Music*, lo descubrió, ¡ya la canción había alcanzado más de un millón de reproducciones!

Ahora, con una compañía discográfica que lo respaldaba, Benito comenzó a trabajar: lanzó varios sencillos en YouTube y actuaba en cualquier lugar que pudiera. A finales de 2016, su sencillo "Soy peor", una canción sobre romper con alguien y preguntarse si es lo mejor, llegó a la lista *Hot Latin Songs* en noveno lugar.

En una entrevista, Benito dijo: "[Esto] confirmó lo que ya sabía. Me hizo saber que tenía el talento para lograr algo". Y, al igual que su creciente base de fanáticos, sus colaboraciones se expandieron para incluir actuaciones con cantantes como Ozuna, Karol G., J. Balvin y otros artistas con los que trabajaría muchas más veces durante su carrera.

Benito se hizo conocido no solo por su poderosa voz de barítono, sus letras divertidas y su ritmo bailable, sino también por su moda. Como Bad Bunny, actuaba con las manos bien cuidadas y ropa de colores brillantes. Su estilo era único, muy parecido a su música, y le permitía expresarse de la manera que quería. No definía la ropa como hecha para niños o niñas, él usaba lo que lo hacía sentir más seguro en ese momento.

En 2017, Puerto Rico fue azotado por el huracán María. Casi tres mil personas murieron y más de trescientas mil casas fueron destruidas. Benito, con veintitrés años en ese momento, hacía una gira por Sudamérica y estaba componiendo su primer álbum en solitario. Angustiado por la noticia, voló a casa para estar con su familia, que estuvo sin electricidad durante meses. "Hubiera dado cualquier cosa por haber estado allí en ese momento", dijo en una entrevista para la revista *Rolling Stone*.

El huracán y sus secuelas despertaron el interés de Benito por la política. Estaba furioso porque los puertorriqueños se habían quedado sin comida, agua, electricidad y otros recursos durante meses que se prolongaron hasta años. Más tarde, Benito dedicaría la canción "Estamos bien" a las víctimas del huracán María.

CAPÍTULO 3
"X 100PRE"

Justo antes del lanzamiento de su álbum debut, Benito fue invitado a colaborar con Cardi B. y J. Balvin para "*I Like It*", una mezcla de la canción *boogaloo* "*I Like It Like That*" de Pete Rodríguez, *trap* y salsa. La letra de la canción mezclaba inglés y español. Benito había tocado con J. Balvin antes, y se convirtieron en muy buenos amigos. Poco tiempo después, lanzó un sencillo con Drake titulado "Mía".

El 24 de diciembre de 2018, Benito lanzó su primer álbum en solitario, "X 100PRE". Es una forma abreviada de decir "por siempre". El álbum se convirtió en un gran éxito internacional. Finalmente ocupó el puesto cuarenta y uno en los "100 Mejores Álbumes Debut de Todos los Tiempos" de *Rolling*

Stone, once en el *Billboard 200*, el número uno en *Top Latin Albums* y *Latin Rhythm Albums*, y ganó el premio Grammy Latino al Mejor Álbum de Música Urbana en 2019. Incluyó colaboraciones con Drake, Ricky Martin, Diplo y El Alfa. Había

lanzado sencillos durante años, y ahora su álbum demostró que era una superestrella que había llegado para quedarse. Y poco antes del lanzamiento de su álbum, Benito pasó de *Hear This Music* a un nuevo sello discográfico, *Rimas Entertainment*.

Benito, Bernie y Bysael Martínez Ocasio asisten a los Premios Billboard de la Música Latina

Con el álbum de Benito ocurrió algo pocas veces visto: se hizo popular en muchas listas de éxitos de otros géneros musicales, sin renunciar a su idioma nativo, el español, la cultura puertorriqueña y su estilo único. Se hizo conocido como el primer "artista de *crossover* inverso", lo que significa que no tenía que cantar o actuar de una manera diferente para llamar la atención de un público más amplio. Benito siempre le recuerda a los demás que él no fue el primero en romper barreras, rindiendo honor a sus ídolos como Héctor Lavoe, Tego Calderón, Daddy Yankee, y muchos otros artistas puertorriqueños.

Y a medida que su fama crecía, también cambiaba su forma de pensar sobre el mundo. A partir del huracán María, comenzó a conectar con lo que significaba ser un artista puertorriqueño en un mundo que sabía muy poco sobre su isla natal. Su música reflejaba su crecimiento personal, expresando sus creencias por los derechos de las mujeres en canciones como "Solo de mí", y mostrando el amor por su lugar de nacimiento y las personas que viven allí. Quería que los puertorriqueños se sintieran orgullosos de su lugar de origen y tuvieran una vida mejor, por lo que creó la Fundación *Good Bunny* en 2018.

Durante 2019, Benito se presentó en todo el mundo y lanzó un álbum con su amigo J. Balvin titulado "Oasis" que alcanzó el número nueve en el *Billboard 200*. Pero a pesar de lo ocupado que estaba, extrañaba a su familia y amigos en Puerto Rico. Aunque estaba feliz por el éxito de su música y el aumento de su fanaticada y popularidad, su carrera lo mantenía lejos de casa por largos períodos de tiempo. "Poner un pie en la isla es muy importante para mí", dijo Benito en una entrevista para el *New York Times*. Para él, visitar Puerto Rico lo reconectaba con su propósito como artista al regresar al lugar donde comenzó su amor por la música.

Benito regresa a Puerto Rico en 2019
para unirse a los manifestantes

23

Por ello, acortó su gira "X 100PRE" en Europa y voló de regreso a Puerto Rico para unirse a miles de manifestantes que exigían la renuncia del exgobernador Ricardo Roselló. Se habían dado a conocer al público textos del gobernador y su equipo haciendo comentarios despectivos sobre las víctimas del huracán María, el artista puertorriqueño Ricky Martin y otros. Benito participó en las protestas no porque se sintiera responsable como artista, sino porque fue su elección como puertorriqueño y como ser humano.

"Creo que todo ser humano tiene el deber de tener empatía por sus semejantes, de ayudar a los demás… para lograr un cambio positivo".

Benito mostró al mundo su complejidad y pasión, no solo en su arte sino también en su activismo. Y aún así se esforzó por hacer más.

CAPÍTULO 4
"YHLQMDLG" y "El último *tour* del mundo"

Durante el resto de 2019, Benito dio algunas pistas sobre el título para su segundo álbum en solitario, que finalmente se reveló como "YHLQMDLG", un acrónimo de "Yo hago lo que me da la gana", antes de lanzarlo el 29 de febrero de 2020, justo antes de que el mundo entrara en confinamiento debido a la enfermedad del coronavirus, COVID-19. El álbum debutó en el número uno tanto en *Top Latin Albums* como en *Latin Rhythm Albums,* y en el número dos en el *Billboard 200* de EE. UU., se convirtió en el álbum en español en el lugar más alto de la lista y fue nominado a Mejor Álbum Pop Latino o Urbano en los Grammy 2021.

El álbum estaba lleno de una mezcla juguetona de estilos musicales, éxitos como "Si veo a tu mamá", y "Vete". Contó con invitados musicales leyendas del reggaetón como Daddy Yankee, Ñengo Flow y Jowell & Randy. "YHLQMDLG" ganó el Premio Grammy al Mejor Álbum Pop Latino o Urbano y los Premios Billboard de la Música Latina al Mejor Álbum Latino del Año y al Álbum de Ritmo Latino del Año. El 20 de septiembre de 2020, en el tercer aniversario del huracán María, dio un concierto gratuito en la ciudad de Nueva York ¡encima de un camión grande decorado como un vagón de metro! Cantó canciones como "La difícil" y "La canción", con su amigo J. Balvin, quien lo acompañó virtualmente desde Colombia. El camión atravesó el Bronx, luego los barrios de Washington Heights y Harlem en Manhattan, deteniéndose en el *Harlem Hospital Center*.

No habían pasado nueve meses desde que

saliera "YHLQMDLG", cuando Benito lanzó su tercer álbum el 27 de noviembre de 2020, "El último *tour* del mundo". El álbum rompió su récord *Billboard 200* de Estados Unidos en ese mismo año. Por segunda vez en un año, había batido récords y expectativas, mezclando *rock*, reggaetón y *trap*, incluyendo además un tema del Trío Vegabajeño, una banda puertorriqueña. Ganó el *American Music Award* como Álbum Latino Favorito y el Premio Grammy Latino como Mejor Álbum de Música Urbana.

Pero a pesar de la fama y los éxitos de Benito, sus padres no se vanagloriaron. Si bien no entendían completamente el nivel de su fama, Tito y Lysaurie siempre apoyaban a su hijo. Benito siempre pudo contar con su familia y amigos para mantener los pies en la tierra, escapando de la presión de ser Bad Bunny.

Podía ir a la casa de sus padres, relajarse y sentir como si nada hubiera cambiado. En su casa, él era

Benito, no Bad Bunny. Para él, era importante mantener a su familia cerca, incluso cuando estaba lejos. Mantenía los mismos amigos que había tenido desde la escuela secundaria, algunos trabajaban con él en la creación de su música, como Ormani, ahora un conocido DJ. Y a veces sus hermanos, Bysael y Bernie, se unían a él en sus giras por todo el mundo.

Cuando estaba listo para regresar al mundo como Bad Bunny, estaba decidido a hacer lo que quisiera, cantar lo que quisiera y usar lo que quisiera.

Y entre la grabación de tres álbumes, había estado entrenando para hacer realidad otro sueño de la infancia.

El 31 de enero de 2021 Benito debutó en el *WWE Royal Rumble*, aliado con Damian Priest para ganar el Campeonato WWE 24/7. Había entrenado con Damián, quien estaba impresionado por su dedicación y amor por la lucha libre, y más tarde se convertirían en grandes amigos.

Participar en la WWE fue uno de los mejores días de la vida de Benito. En una entrevista para la revista *Time*, dijo: "Era como si fuera un niño de nuevo. Y la pelea, fue un abrir y cerrar de ojos. Todo sucedió muy rápido".

Pero esa parecía ser la naturaleza misma de Benito. Probar cosas nuevas, mejorar siempre y compartir sus éxitos. Y no pasó desapercibido, ya que la revista *Time* lo nombró una de las personas más influyentes de 2021. J. Balvin, uno de los amigos cercanos de Benito desde el comienzo de sus carreras musicales, describió a Benito como alguien que alcanzó el estatus de superestrella, se conectó con los fanáticos a través de sus increíbles letras y defendió la importancia de ser uno mismo.

En 2022, Benito apareció en la película *Bullet Train* con el actor Brad Pitt, un momento que

le pareció abrumador e inspirador. ¡Incluso pensó que las escenas de lucha en la película eran más difíciles que luchar en la WWE! La actuación siempre le había gustado, pero nunca tuvo los recursos para dedicarse a ella. Su principal prioridad siempre fue su música.

Brad Pitt y Benito en *Bullet Train*

El 6 de mayo de 2022, Benito lanzó su cuarto álbum en solitario, "Un verano sin ti", rompiendo su propio récord en el *Billboard 200* de EE. UU. al llegar a la cima y mantenerse en el número uno por 13 semanas. Al igual que sus álbumes

"Un verano si ti"

anteriores, Benito hizo este álbum aprovechando sus raíces caribeñas e incluyendo reggaetón, cumbia, reggae y salsa. Entre sus colaboradores musicales se encontraban artistas como el dúo puertorriqueño Buscabulla, la banda colombiana Bomba Estéreo y otros.

"Un verano sin ti" fue una mezcla de sus primeros tres álbumes, con canciones sobre relajarse para las vacaciones como "Me fui de vacaciones", hasta canciones de amor como "Ojitos lindos". Una de sus canciones más populares titulada "El apagón" es un tributo a sus raíces puertorriqueñas. Esta abordó el problema de los continuos apagones que enfrentaban los puertorriqueños, después que la compañía canadiense-estadounidense Luma fue contratada para operar el sistema eléctrico de Puerto Rico y le aumentó las facturas de la electricidad a los puertorriqueños a más del doble de la tarifa promedio de los Estados Unidos. También se enfrentaron a la gentrificación, un proceso en el que los lugareños son desplazados de sus comunidades por el aumento del costo de la vida. Esto hace que sea imposible para ellos permanecer en sus propios hogares. Y luego, los propietarios e inquilinos más ricos pueden mudarse fácilmente, cambiando para siempre la comunidad.

El video musical de "El apagón" rinde homenaje a varios artistas y atletas de Puerto Rico, como el boxeador profesional Félix "Tito" Trinidad, el actor Raúl Julia y Pedro Albizu Campos, un político puertorriqueño que fue un líder muy destacado en el movimiento independentista de Puerto Rico. Inmediatamente después del video musical hay un documental de dieciocho minutos que detalla las luchas continuas de los puertorriqueños que intentan sobrevivir en su tierra natal. El reportaje fue realizado con la periodista Bianca Graulau. El video fue preseleccionado (nombrado entre un pequeño grupo de contendientes) junto con "Motomami" de la cantante española Rosalía y "*Cash In Cash Out*" de Pharrell William, para los Premios León de Cannes 2023 en la categoría de Excelencia en Video Musical.

En 2023, "Un verano sin ti" se convirtió en el álbum más escuchado en *Spotify*, un servicio de música digital, lo que convirtió a Benito en el artista más escuchado durante más de tres años. Alcanzó el *top ten* en las listas de éxitos de todo el mundo, y fue escrita e interpretada íntegramente en español.

Pero cuando Benito actuó en los Grammy, sus letras no fueron traducidas al inglés en los subtítulos. El equipo de producción del programa incluyó subtítulos que decían simplemente "cantando en un idioma que no es el inglés". Fue insensible por parte de la Academia Nacional de Artes y Ciencias de la Grabación, que produce los Grammy, no prever esto y tener un traductor en el equipo.

"Es muy feo decir esto, pero yo lo vi como algo normal", explicó Benito en una entrevista para la revista *Vanity Fair*. "¿Por qué no tenían un traductor? sabiendo que yo iba a estar allí".

Esto no detuvo a Benito y no le dio mucha importancia a lo sucedido, él se mantuvo fiel a su creencia de cantar para aquellos que querían escucharlo y lo entendían. Porque aunque Benito hacía lo que quería y escribía lo que quería, siempre escribía sobre su lugar de nacimiento. "Hago música para Puerto Rico", dijo en una entrevista. "Soy un profundo admirador de nuestra gente, de nuestra cultura". ¡Incluso hizo una actuación sorpresa en la parte superior de una gasolinera en San Juan, Puerto Rico, para sus fanáticos!

Haciendo malabares con tantos proyectos, Benito se mudó a Los Ángeles, California, en enero de 2023 para trabajar en su próximo álbum, prepararse para salir de gira y seguir actuando. Había considerado vivir en otros lugares del mundo antes de regresar a Puerto Rico para siempre. Para él, Puerto Rico siempre sería su hogar. Pero había mucho más del mundo que quería experimentar.

En 2023, Benito fue invitado al festival de Coachella en Indio, California, siendo el primer solista latino en abrir el mismo. Su actuación fue un evento de dos horas de duración. También hubo artistas invitados como Jowell y Randy, Ñengo Flow y Post Malone. Para su actuación, quería llevarle el barrio a sus fanáticos en Coachella, en el desierto del sur de California. Les recordó que no fue el primer puertorriqueño en abrirse camino, triunfar y cambiar el mundo, que hubo muchos otros antes que él, y que habrían muchos más en el futuro.

En septiembre de ese mismo año, protagonizó en compañía de Gael García Bernal el drama biográfico *Cassandro*. Y más tarde, al más puro estilo Benito, lanzó su quinto álbum como solista "Nadie sabe lo que va a pasar mañana", el viernes 13 de octubre.

Y esto sigue siendo totalmente cierto: nadie tiene idea de cuánto más logrará Benito. Los

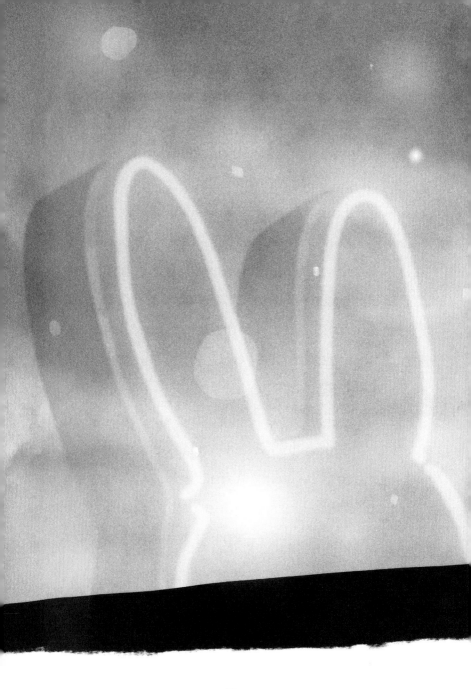

En Coachella, 2023

fanáticos están ansiosos por ver qué otras sorpresas tiene reservadas para ellos.

Durante su presentación en Coachella, les dijo a sus fanáticos, en español: "Sé cuál es mi propósito en la tierra y les juro que lo haré realidad".

¿Cuál será su propósito en la tierra? Lo único que podemos hacer es esperar para saberlo.

La Fundación *Good Bunny*

La Fundación *Good Bunny* es una organización sin fines de lucro que apoya las artes, la música y los deportes para los niños en Puerto Rico. La Fundación creó el campamento de verano "Un Verano Contigo", donde los niños podían jugar, practicar deportes, aprender música y crear arte. También se asoció con la Fundación Maestro Cares, fundada por el cantante puertorriqueño Marc Anthony, para restaurar los campos de béisbol de las Pequeñas Ligas en todo Puerto Rico.

"Como crecí en la isla, pasé mucho tiempo en estos parques que ahora están destruidos", dijo Benito. Grandes atletas como Roberto Clemente, Yadier Molina, Roberto Alomar, Edgar Martínez e Iván Rodríguez habían crecido jugando en parques similares. "Nuestro compromiso es reconstruirlos para ayudar a que surjan nuevos atletas".

Después del huracán María, la Fundación *Good Bunny* ayudó a reconstruir casas y proporcionó comidas gratuitas. También realizan la feria anual de regalos Bonita Tradición, entregando a los niños más de 20 000 regalos, entre ellos: instrumentos y equipos deportivos, materiales para pintar, etc. Sirven comida, tocan música en vivo y les dan a los niños la oportunidad de tomarse una foto con Los Reyes Magos, e incluso con el propio Benito.

Cronología de la vida de Bad Bunny

1994 — Benito Antonio Martínez Ocasio nació el 10 de marzo en Vega Baja, Puerto Rico

2016 — Publicó sus primeras canciones a través de *SoundCloud*

— Firmó con el sello discográfico *Hear This Music*

2018 — Comienza la gira "Una nueva religión"

— Lanza "X 100PRE", su álbum debut, que figura en el número 41 en la lista de los 100 mejores álbumes debut de todos los tiempos de la revista *Rolling Stone*

2019 — Lanza "Oasis", un álbum en colaboración con J. Balvin

— Gana el Grammy Latino al Mejor Álbum de Música Urbana por "X 100PRE"

2020 — Lanza "YHLQMDLG" y se convierte en el primer artista en español más escuchado de *Spotify* a nivel mundial, con más de 8300 millones de reproducciones

— Lanza "El último *tour* del mundo", que es el primer álbum en español en alcanzar el n.º 1 en *Billboard 200*

2021 — Participa en *WWE Royal Rumble* en Tampa, Florida

2022 — Aparece en *Bullet Train*

— Se convierte en el primer artista latino en ser nombrado Artista del Año de los *MTV Video Music Awards*

2023 — Rompe el récord mundial del álbum más reproducido en Spotify

Cronología del Mundo

1994	Se celebran los Juegos Olímpicos de Invierno en Lillehammer, Noruega
2013	La Corte Suprema anuló la ley federal que definía el matrimonio entre un hombre y una mujer, legalizando el matrimonio entre personas del mismo sexo
2016	El Cleveland Cavaliers gana su primer campeonato de la NBA, la Asociación Nacional de Baloncesto
2017	Un eclipse solar total se observa en los Estados Unidos de costa a costa
2018	La actriz estadounidense Meghan Markle se casa con el príncipe Harry, Duque de Sussex, convirtiéndose en Duquesa de Sussex
2019	Ricardo Roselló renuncia como gobernador de Puerto Rico en medio de escándalos de mensajes de texto
2020	Cierre mundial debido a la pandemia de COVID-19
2021	El *Rover Perseverance* de la NASA aterriza en Marte
2022	Hallan el desaparecido galeón español del siglo XVII Santo Cristo de Burgos frente a la costa del norte de Oregón
2023	205.º aniversario de la publicación de Frankenstein por Mary Shelley

Bibliografía

Chocano, Carina. "The World's Newest Superhero: Bad Bunny."
GQ. May 24, 2022. https://www.gq.com/story/bad-bunny-june-cover-profile.

Chow, Andrew R., and Mariah Espada. " 'I Make Music Like I'm the Only Person in the World.' Bad Bunny on Coachella, Hollywood, and Life on Top." *Time*. March 28, 2023. https://time.com/6266336/bad-bunny-interview-coachella/.

del Valle Schorske, Carina. "The World According to Bad Bunny."
New York Times. October 11, 2020. https://www.nytimes.com/interactive/2020/10/07/magazine/bad-bunny.html.

Exposito, Suzy. "Bad Bunny in Captivity." *Rolling Stone*. May 14, 2020. https://www.rollingstone.com/music/music-features/bad-bunny-cover-story-lockdown-puerto-rico-new-albums-996871/.

Flores, Griselda. "Bad Bunny Spreads Holiday Joy in Puerto Rico with 'Bonita Tradición' Gift Drive." *Billboard*. December 27, 2022. https://www.billboard.com/music/latin/bad-bunny-gift-drive-puerto-rico-good-bunny-foundation-1235191469/.

Guerrero, Jean. "Bad Bunny stays true to himself at Coachella." *Los Angeles Times*. April 21, 2023. https://www.latimes.com/opinion/story/2023-04-21/coachella-bad-bunny-latin-music-politics-puerto-rico.

Lopez, Julyssa. "Bad Bunny Conquered the World. Now What?" *Rolling Stone*. June 21, 2023. https://www.rollingstone.com/music/music-features/bad-bunny-coachella-el-apagon-controversy-future-interview-1234770225/.

Lopez, Julyssa, and Larisha Paul. "Bad Bunny Opens 2023 Grammy Awards With a Proud Ode to Puerto Rico." *Rolling Stone*. February 5, 2023. https://www.rollingstone.com/music/music-latin/bad-bunny-2023-grammys-performance-despues-de-la-playa-1234673176/.

Shaffer, Claire. "Bad Bunny to Perform Live at WWE Royal Rumble." *Rolling Stone*. January 26, 2021. https://www.rollingstone.com/music/music-news/bad-bunny-wwe-royal-rumble-1119136/.